EINFACH *genial* GRILLEN

Tacos, Burritos & Co.

NOCH MEHR LECKERE REZEPTIDEEN FINDEN SIE AUF www.heel-verlag.de

NOCH MEHR BÜCHER VON OLIVER SIEVERS

EINFACH GENIAL GRILLEN
144 Seiten, 185 x 225 mm,
Softcover
ISBN: 978-3-95843-987-0
€ (D) 9,99

EINFACH GENIAL GRILLEN – PLANCHA & FEUERPLATTE
128 Seiten, 185 x 225 mm,
Softcover,
ISBN: 978-3-96664-562-1
€ (D) 14,99

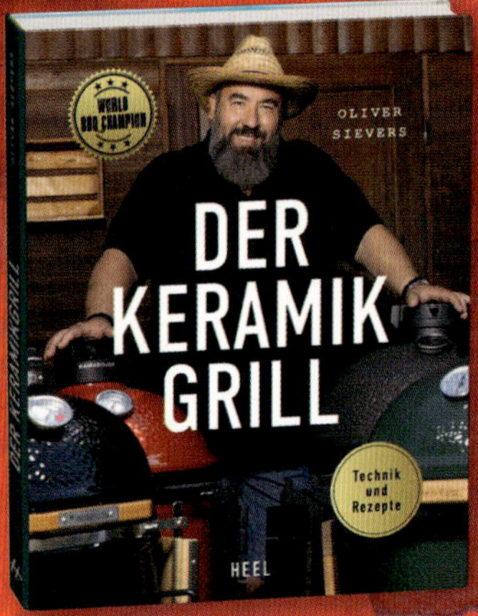

DER KERAMIKGRILL – ALLES, WAS MAN WISSEN MUSS
224 Seiten, zahlreiche Abbildungen,
227 x 287 mm,
Hardcover,
ISBN: 978-3-96664-519-5
€ (D) 39,95

IMPRESSUM

HEEL Verlag GmbH
Gut Pottscheidt
53639 Königswinter
Tel.: 02223 9230-0
Fax: 02223 9230-13
E-Mail: info@heel-verlag.de
Internet: www.heel-verlag.de

Fotos: Sandra Then
@ Adobe Stock: javarman, sutichak, rangizzz, radekcho, daizuoxin
Projektleitung: Christine Birnbaum
Gestaltung: Christine Mertens, Heel Verlag

Printed in Slovenia

ISBN 978-3-96664-563-8

EINFACH genial GRILLEN

Tacos, Burritos & Co.

MIT GRILLWELTMEISTER

Oliver Sievers

HEEL

Inhalt

VEGGIE

RIND

SCHWEIN

HACK

GEFLÜGEL

FISCH

Hallo Grillfreunde,

seit Jahren schon gibt es bei mir keinen Kurs und keine Veranstaltung mehr, bei der ich nicht irgendwelche Tacos oder Burritos zubereite. Ich mache sie bei jeder Gelegenheit, auf Partys, bei Festen, Events und Vorführungen, und in jedem meiner Bücher ist mindestens ein Taco-Rezept.

Die Vielfältigkeit der Rezepte und die Einfachheit der Vor- und Zubereitung begeistern mich immer wieder aufs Neue. Seitdem ich bei meinen USA-Reisen authentisches, mexikanisches Streetfood probieren konnte, bin ich großer Fan dieser einfachen, aber sehr frischen und schmackhaften Küche. Immer wieder zieht es mich zu den Food Trucks und in die Taquerias des jeweiligen Staates, um neue Rezepte und Ideen aufzuschnappen, und neue Geschmäcker und Produkte zu probieren. Ich halte mich dabei hauptsächlich an Läden, die viele positive spanische Bewertungen haben, um sicher zu gehen, dass es dort den Mexikanern schmeckt und es kein normales US-Food gibt.

Tacos sind so wunderbar unkompliziert, sie nehmen jedes Fleisch, jeden Fisch und jedes Gemüse in sich auf, und mit wenigen Mitteln hat man ein Gericht, mit dem man seine Gäste überraschen und begeistern kann.

Ich passe meine Rezepte immer den Gegebenheiten, den Gästen, den Möglichkeiten und den lokalen und saisonalen Lebensmitteln an, die es vor Ort gibt.
Das geht in so einem Buch natürlich nicht so einfach. Ich will ja möglichst viele der Facetten zeigen, die ein solches Gericht hat, die Vielfältigkeit und vor allem die Einfachheit. Und natürlich sind nicht alle Rezepte in diesem Buch absolut authentisch und original mexikanisch, was natürlich auch mit den verfügbaren Produkten zusammenhängt. Sicher bekommt man heutzutage praktisch alles übers Internet, aber wir haben auch in Deutschland und Europa wunderbare Produkte, die man hauptsächlich nutzen sollte, wenn es auch nicht immer möglich ist.

Taco, Burrito und Co. sind auch für größere Gruppen leicht vorzubereiten, und wenn man erstmal die Saucen und Salsas, die den Rezepten den besonderen und auch frischen Geschmack verleihen, fertig zubereitet hat, ist der Rest meistens ein Kinderspiel und auch von ungeübten Köchen einfach zu meistern. Ich bereite diese Gerichte fast immer auf einem Grill zu, aber die meisten Rezepte sind absolut küchentauglich und auch ohne besondere Vorkenntnisse mit Topf, Pfanne und Backofen leicht nachzumachen.

Bei der unvermeidbaren Tortilla, der absoluten Grundzutat bei fast jedem Rezept, gibt es mehrere Varianten aus verschiedenen Maismehlen oder Weizenmehl. Es gibt sie z. B. in Weiß, Gelb, Rot, Blau und Grün. Sie schmecken fast alle ähnlich, aber optisch können sie natürlich den anderen Zutaten angepasst werden. Ich habe für das Buch von der letzten Reise auch Tortillas aus den USA mitgebracht, die man dort in vielen Varianten einfach im Supermarkt bekommt. Und es gibt sie in verschiedenen Größen für die unterschiedlichen Gerichte.

In Mexiko benutzt man natürlich die Tortillas aus dem regional geernteten Mais oder Weizen, beides ist authentisch. Außerdem gibt es dort sehr viele Tacos mit geschmorten Fleisch- und Gemüseeintöpfen, von denen ich auch ein paar im Buch haben wollte. Die meisten der Rezepte sind aber unseren, vielleicht auch eher meinen, Vorlieben und Produkten angepasst. Was für mich immer dabei sein muss, um den besonderen Geschmack zu bekommen, sind reichlich Koriander, Avocado und Limetten.

Bei den Zutaten für Tacos kann man absolut aus dem Vollen schöpfen, einfach nehmen, was einem gut schmeckt, passende Gewürze, Saucen und Kräuter dazugeben, und schon ist das Rezept geschrieben. Auch in diesem Buch wird meine Vorliebe für viel Knoblauch, Chili und Koriander sichtbar, was nicht unbedingt jeder so gerne mag wie ich. Also fühlt Euch frei, die Rezepte nach Eurem Geschmack zu verändern und anzupassen.

Ich wünsche Euch viel Spaß beim Nachmachen und guten Appetit!

Oliver Sievers

WAS IST WAS ?

Ob Tacos, Burritos, Quesadillas oder Enchiladas, alle diese Speisen haben als Grundlage eine Tortilla, ein dünnes Fladenbrot aus Mais- oder Weizenmehl. Maistortillas gibt es in verschiedenen Farben, die von der verwendeten Maissorte herrühren, geschmacklich macht das allerdings wenig Unterschied. Es gibt sie in mehreren Größen von 100 mm bis 400 mm Durchmesser, zur Verwendung für unterschiedliche Rezepte. Für meine Rezepte in diesem Buch habe ich verschiedene Tortillas genommen, die man leicht im Supermarkt oder online bekommen kann. Welche Art Tortilla man für sein Gericht nimmt, ist im Prinzip Geschmacksache, der Durchmesser jedoch ist wichtig für das Rezept.

Nacho-Chips sind übrigens in Stücke geschnittene und frittierte Tortillas und werden meist mit einem Dip serviert.
Wenn man den Teig für Tortillas selber machen möchte, muss man ein spezielles Maismehl verwenden. Dieses „Masa Harina" genannte Teigmehl wird durch Nixtamalisation in der Bioverträglichkeit verbessert, und das schon seit über 3000 Jahren. Rohes Maismehl hingegen eignet sich nicht gut für die Herstellung von Tortillas. Es wird ein sehr einfacher Teig hergestellt, der mit einer Presse zu Fladen geformt und dann auf einer Platte gegart wird.

TACO

Ein Taco ist eine kleine Tortilla, gefüllt und einmal in der Mitte geklappt, also halboffen. Ein typisches Streetfood, variantenreich und sehr lecker. Eine Portion besteht aus zwei oder drei Tacos, normalerweise mit Limettenspalten und Hot Sauce serviert. Für Tacos gibt es auch sogenannte Taco (hard) Shells, die im Gegensatz zu den weichen Tortillas fest und knusprig sind.

BURRITO

Burritos sind große gefüllte und zusammengerollte Tortillas mit mindestens 250 mm Durchmesser. Üblicherweise kommt die heiße Füllung z. B. aus Bohnen, Fleisch und Reis in den Burrito und er wird sofort gegessen. Hier bei uns wird er oft noch auf dem Grill oder im Backofen angeröstet, was Ihm etwas mehr Geschmack verleiht.

ENCHILADA

Enchiladas sind gefüllte und gerollte Tortillas, die noch mit Sauce oder Salsa übergossen und häufig mit Käse überbacken

kleine Auswahl ...

Tortilla-Presse

werden. Sie lassen sich gut vorbereiten und passend erwärmen. Sie sind kein typisches Streetfood, da von Tellern gegessen werden muss. Enchiladas eignen sich auch zur Resteverwertung, da man bei der Füllung absolut freie Hand hat, was Zutaten und Geschmack angeht. Auch süße Enchiladas mit Früchten und Schokolade schmecken wunderbar.

QUESADILLA

Mit viel Käse und weiteren Zutaten belegte und einmal gefaltete Tortilla, die auf einer Platte gebraten oder auch frittiert wird. Man kann Quesadillas auch aus zwei Tortillas mit Füllung machen, ähnlich einem Sandwich. Das nennt sich dann zwar eigentlich „Burrita“, ändert aber nichts am Geschmack.

ANDERE VARIANTEN

Darüber hinaus gibt es noch weitere Varianten in der Tex-Mex-Küche, wie z. B. Tostados, Flautas, Chimichangas, Fajitas oder Chalupas, die alle die Tortilla als Grundlage haben.

EMPANADA

Empanadas sind in vielen Varianten gefüllte Teigtaschen, für die ein spezieller Teig hergestellt wird, und die dann gebacken oder frittiert werden. Kalt und warm genossen sind sie das perfekte Fingerfood für zwischendurch.

VEGGIE

HELLFIRE QUESADILLA

FÜR 4 PERSONEN

4 Tortillas, 300 mm

400 g Frischkäse

2 Knoblauchzehen

Chilischoten so viel man vertragen kann ...
z. B.: 2 x Cayenne, 2 x Piri-Piri,
2 Habanero (sehr scharf)

Pfeffer

200 g geriebener Bergkäse

200 g geriebener Cheddar

ZUBEREITUNG

1 I Frischkäse in eine Schüssel geben.

2 I Knoblauch pressen, Chilischoten in feine Ringe schneiden.

3 I Zum Frischkäse geben, mit etwas Pfeffer würzen und gut vermischen.

4 I Den geriebenen Käse hinzufügen und unterrühren.

5 I Die Tortillas auslegen und die Mischung darauf verteilen.

6 I Tortillas auf der Hälfte zuklappen und so auf dem Grill oder in einer Pfanne von beiden Seiten anrösten und für ca. 10 Minuten garen, bis der Käse geschmolzen ist.

7 I 2 Minuten ruhen lassen, dann in Ecken schneiden und „genießen“.

TIPPS

- Die Chilis nach eigener Verträglichkeit wählen! Lieber am Anfang vorsichtig sein, und dann mutiger werden. Allerdings nimmt der Käse auch viel Schärfe raus.
- Bei Verarbeiten von Chilischoten immer mit Einmal-Handschuhen arbeiten!
- Zuviel Schärfe lässt sich mit fettigen Milchprodukten neutralisieren!

SNACK TORTILLA

FÜR 4 PERSONEN

8 Tortillas, 120 mm

4 Knoblauchzehen

8 EL Schmand

schwarzer Pfeffer, gestoßen

1 Bund Lauchzwiebeln

2 Chilischoten

4 EL Italienische Kräutermischung, getrocknet

100 g Parmesan

ZUBEREITUNG

1 | Den Knoblauch schälen und mit einer feinen Reibe in eine Schüssel zum Schmand reiben.

2 | Mit etwas Pfeffer würzen alles miteinander vermischen.

3 | Die Mischung gleichmäßig auf die Tortillas streichen.

4 | Lauchzwiebeln und Chili in feine Ringe schneiden und zusammen mit der Gewürzmischung über die Tortillas verteilen.

5 | Den Parmesan darüber reiben.

6 | Den Grill auf ca. 180 °C einregeln und die Tortillas über direkter Hitze für ca. 5 Minuten grillen.

7 | Dabei aufpassen, dass die Ränder knusprig werden, aber nicht verbrennen.

8 | Die Tortillas kurz auf einem Rost abkühlen lassen, dann werden sie richtig knusprig.

9 | Schmecken warm und kalt, als Snack, Appetizer oder Beilage.

TOFU TACO

FÜR 4 PERSONEN

8 Tortillas, 120 mm

400 g Tofu

Öl zum Braten

3 EL Kräuter Rub (Rezept Seite 125)

2 Salatherzen

2 rote Spitzpaprika

2 Karotten

100 g Radieschen

1 Topf Kresse

200 g Sour Creme

Avocadocrema (Rezept Seite 115)

Limettenspalten

ZUBEREITUNG

1 I Den Tofu in mundgerechte Stücke schneiden und mit etwas Öl in einer Pfanne scharf anrösten.

2 I Mit dem Kräuter Rub würzen und bei sanfter Hitze warmhalten.

3 I Salat zupfen, Paprika in feine Ringe schneiden, Radieschen und Karotten grob raspeln.

4 I Die Tortillas auf dem Grill leicht anrösten und mit etwas Sour Creme bestreichen.

5 I Den Salat auflegen, den Tofu und das Gemüse darauf verteilen.

6 I Etwas Kresse und die Avocadocrema darübergeben und mit Limettenspalten servieren.

TOMATEN-RUCOLA-QUESADILLA

FÜR 4 PERSONEN

8 Tortillas, 150 mm
2 große Tomaten
150 g Rucola
200 g geriebener Pizzakäse
100 g geriebener Bergkäse
2 Knoblauchzehen
2 milde Chilischoten
50 g schwarze Oliven
bunter Pfeffer, gestoßen
50 g geriebener Parmesan

ZUBEREITUNG

1 I Tomaten in dünne Scheiben schneiden, Rucola grob hacken.

2 I Pizzakäse und Bergkäse miteinander mischen.

3 I Knoblauch und Chilischoten fein hacken.

4 I Oliven in Scheiben schneiden.

5 I 4 Tortillas auslegen und die Hälfte der Käsemischung darüber verteilen.

6 I Rucola, Oliven und Tomatenscheiben darauflegen.

7 I Knoblauch und Chili darüber verteilen und mit etwas Pfeffer würzen.

8 I Die restliche Käsemischung darübergeben und die übrigen Tortillas auflegen.

9 I Grill auf ca. 180 °C vorheizen.

10 I Etwas Parmesan auf eine Gussplatte oder in eine Pfanne reiben, die Quesadillas darauflegen und für ein paar Minuten anrösten. Dabei klebt der Parmesan an der Tortilla fest und wird schön knusprig.

11 I Beim Wenden wieder etwas Parmesan reiben und Tortillas auf der anderen Seite anrösten. Etwas bunten Pfeffer darüber streuen.

12 I Nach ca. 10 Minuten sollten die Tortillas servierbereit sein.

VEGGIE BURRITO MIT SCHAFSKÄSE

FÜR 4 PERSONEN

4 Tortillas, 300 mm

4 große Tomaten

2 Salatherzen

100 g getrocknete Tomaten

1 Knoblauchzehe

3 Chilischoten

1 Bund frische Kräuter, z. B. Koriander, Petersilie oder Basilikum, ganz nach eigenem Geschmack

400 g Feta

300 g geriebener Käse, z. B. Cheddar

Salz & Pfeffer

Avocadocrema (Rezept Seite 115)

Käsesauce (Rezept Seite 115)

Limetten

ZUBEREITUNG

1 I Tomaten in mundgerechte Stücke schneiden.

2 I Salat in Streifen schneiden.

3 I Knoblauch, Chili, getrocknete Tomaten und Kräuter fein hacken.

4 I Feta in kleine Stücke zerkrümeln.

5 I Alles in eine Schüssel geben und den geriebenen Käse hinzufügen.

6 I Mit Salz und Pfeffer würzen und alles gut miteinander vermengen.

7 I Die Tortillas auslegen und die Füllung gleichmäßig darauf verteilen.

8 I Die Tortillas zu Burritos zusammenrollen und im Grill bei ca. 180 °C indirekt für 15 bis 20 Minuten erhitzen.

9 I Mit etwas Salat, Käsesauce und Avocadocrema anrichten und mit Limettenspalten servieren.

VEGGIE EMPANADA

FÜR 4 PERSONEN

8 Teigfladen (Rezept Seite 120)

300 g Zucchini

300 g bunte Paprika

4 Lauchzwiebeln

2 Knoblauchzehen

2 Chilischoten

300 g Feta

50 g gehackte Walnüsse

½ Bund frische Kräuter z. B. Petersilie, Koriander, Basilikum oder Oregano

einige Salatblätter

Limettenspalten

Dips nach Wahl

ZUBEREITUNG

1 I Das Gemüse putzen, in kleine Würfel schneiden und in eine Schüssel geben.

2 I Knoblauch, Chilischote und Kräuter fein hacken und dazugeben.

3 I Fetakäse in die Schüssel krümeln. Walnüsse dazugeben.

4 I Alles gut miteinander vermengen und die Empanadas damit füllen.

5 I Für einen dekorativen Rand nimmt man immer etwas Teig zwischen zwei Finger und dreht ihn im Uhrzeigersinn um 180 °C um, an einer Seite der Naht anfangen, und dann einmal der Naht entlang fortsetzen. Es braucht etwas Übung ...

6 I Die Empanadas können frittiert oder gebacken werden, beides ist authentisch.

7 I Auf etwas frischem Salat anrichten und mit Limettenspalten und verschiedenen Dips servieren.

VEGGIE-PILZ-TACO

FÜR 4 PERSONEN

8 Tortillas, 100 mm
800 g gemischte Pilze
1 große Zwiebel
2 Knoblauchzehen
1 Chilischote
Öl zum Braten
1 rote Spitzpaprika
1 kleine Gemüsegurke
1 Salatherz
Paprikacrema (Rezept Seite 116)
Kresse oder Gemüsesprossen
Salz & Pfeffer

ZUBEREITUNG

1 | Die Pilze säubern und in kleine Stücke schneiden.

2 | Zwiebel in kleine Würfel schneiden, Knoblauch und Chilischote fein hacken.

3 | Eine Gusseisenpfanne im Grill erhitzen und Zwiebel, Knoblauch und Chili mit etwas Öl anschwitzen.

4 | Nach ein paar Minuten die Pilze dazugeben und alles für ca. 5 Minuten sanft schmoren, damit es noch ein bisschen Biss behält.

5 | Mit Salz und Pfeffer abschmecken.

6 | Paprika in feine Ringe, Gurke in dünne Scheiben schneiden, Salat waschen und zupfen.

7 | Die Tortillas auf dem Grill leicht anrösten.

8 | Etwas Salat auflegen, dann die Pilzmischung, Paprika und Gurke.

9 | Die Crema auftragen und mit der Kresse verfeinern.

APPLE PIE TORTILLA

FÜR 4 PERSONEN

12 Tortillas, 100 mm

4 Äpfel, z. B. Elstar oder Golden Delicious

200 g brauner Zucker

100 g Butter

120 ml Apfelsaft

2 cl Calvados

1 EL Zimt

1 Msp Muskatnuss

Vanilleeis

Ahornsirup

ZUBEREITUNG

1 I Die Äpfel schälen, die Kerngehäuse entfernen und in kleine Stücke schneiden.

2 I In einen Topf geben, Apfelsaft, Calvados, Muskatnuss und etwas Zucker und Zimt hinzugeben.

3 I Zum Kochen bringen und leicht köcheln lassen, bis die Apfelstücke weich geworden, aber noch nicht zerfallen sind.

4 I Eine Gusspfanne mit Butter ausstreichen.

5 I Die Apfelmischung auf die Tortillas verteilen, diese dann einrollen und in die gefettete Pfanne legen.

6 I Die restliche Butter schmelzen und die Tortillas damit bestreichen. Den restlichen Zucker und Zimt darüber streuen und bei ca. 180 °C indirekt im Grill überbacken.

7 I Mit etwas Vanilleeis und Ahornsirup anrichten und servieren.

ERDBEER-SCHOKO-TACO

Die besondere Taco-Form auf dem Bild habe ich bei einem Trip durch die USA gefunden, normale Hard Shells funktionieren aber auch sehr gut

FÜR 4 PERSONEN

4 Taco Hard Shells

300 g frische Erdbeeren

200 g dunkle Kuvertüre

100 g helle Kuvertüre

ZUBEREITUNG

1 I Die Erdbeeren waschen, trocken tupfen und in mundgerechte Stücke schneiden.

2 I Die Kuvertüren einzeln im Wasserbad schmelzen.

3 I Die Ränder der Taco Shells leicht in die dunkle Kuvertüre tauchen.

4 I Etwas heiße Kuvertüre in die Taco Shells geben und die Erdbeeren gleichmäßig darauf verteilen.

5 I Die weiße Kuvertüre und den Rest der dunklen Kuvertüre in einem feinen Streifen dekorativ über die Erdbeeren verteilen, dazu eignet sich gut ein Gefrierbeutel, von dem man eine kleine Ecke abschneidet.

6 I Kalt stellen und als Dessert servieren.

RIND

BARBACOA TACO

FÜR 4 PERSONEN

8 bis 12 Tortillas, 100 mm
1,2 kg Rindernacken
2 Zwiebeln
3 Tomaten
2 Knoblauchzehen
2 milde Chilischoten
2 scharfe Chilischoten
Saft von 4 Limetten
Saft von 4 Orangen
1 TL Cumin
1 TL Zimt
1 EL Oregano, getrocknet
4 Lorbeerblätter
50 ml Apfelessig
50 g brauner Zucker
0,5 l Schwarzbier
0,5 l Rinderfond
je 1 EL Salz & Pfeffer
2 Avocados
frischer Koriander
1 kleine Dose Mais
Limettencrema (Rezept Seite 118)
Hot Sauce

ZUBEREITUNG

1 | Zwiebeln, Tomaten, Knoblauch, Chilischoten grob schneiden und mit dem Saft von Limetten und Orangen in einen Mixer geben. Die Gewürze, Lorbeerblätter, Apfelessig und Zucker hinzufügen und alles zu einer glatten Marinade verarbeiten.

2 | Das Fleisch in 6 Stücke schneiden und mit der Marinade in einen verschließbaren Plastikbeutel geben. Gut miteinander vermengen und am besten über Nacht im Kühlschrank marinieren.

3 | Aus dem Beutel in einen vorgeheizten Dutch Oven geben, Fond und Bier hinzufügen. Mit geschlossenem Deckel bei ca. 150 °C 3 bis 4 Stunden im Grill oder Backofen garen, zwischendurch umrühren und gegebenenfalls etwas Flüssigkeit nachgießen.

4 | Wenn das Fleisch weich genug zum Zupfen ist, aus dem DO nehmen und 20 Minuten ruhen lassen. In der Zwischenzeit die Flüssigkeit auf eine sämige Konsistenz reduzieren.

5 | Das Fleisch mit 2 Gabeln auseinanderzupfen und in die Sauce geben. Die Tortillas auf dem Grill leicht anrösten und etwas von dem Fleisch darauf geben.

6 | Ein paar Körner Mais, Koriander und Spalten von der Avocado auf den Taco legen und mit Limettencrema abschließen.

Wer es gerne schärfer mag, nimmt noch zusätzlich einen Spritzer Hot Sauce.

BEEF-CHEEK-TACO

FÜR 4 PERSONEN

8 bis 12 Tortillas, 100 mm
1 kg Ochsenbäckchen
3 EL Dalmatiner Rub
2 große Zwiebeln
1 grüne Paprikaschote
1 rote Paprikaschote
2 Knoblauchzehen
2 Chilischoten
250 ml Rinderfond

ZUBEREITUNG

1 I Die Ochsenbäckchen mit dem Rub einreiben.

2 I Die Ochsenbäckchen auf dem Grill von allen Seiten scharf anrösten.

3 I In der Zwischenzeit Paprika und Zwiebeln in Streifen schneiden, Knoblauch und Chili fein hacken.

4 I Das Gemüse in einen Dutch Oven geben und die angerösteten Ochsenbäckchen darauflegen.

5 I Den Rinderfond dazu gießen und den Deckel schließen.

6 I Bei ca. 180 °C indirekt im Grill (oder im Backofen) für 3 bis 4 Stunden köcheln, bis das Fleisch weich genug zum Zerzupfen ist, bei Bedarf etwas Flüssigkeit nachgießen.

7 I Das Fleisch dann im Topf mit 2 Gabeln in Stücke zupfen und mit dem geschmorten Gemüse vermischen.

8 I Zum Anrichten die Tortillas kurz auf dem Grill anrösten und mit dem Fleisch belegen.

9 I Mit ein paar frischen Zwiebelwürfeln und Paprikastreifen garnieren und servieren.

10 I Wer es gerne schärfer mag, kann mit etwas Hot Sauce nachhelfen.

BIRRIA TACO

FÜR 4 PERSONEN

8 bis 12 Tortillas, 120 mm
1 kg Rindernacken
2 Knoblauchzehen
2 Zwiebeln
250 g Tomaten
2 Lorbeerblätter
100 g Chipotles in Adobe (Dose)

500 ml Rinderfond
200 g geriebener Bergkäse
Salz & Pfeffer
Öl zum Braten
frischer Koriander
Limetten

ZUBEREITUNG

1 I Das Fleisch in grobe Stücke schneiden und mit Salz und Pfeffer würzen.

2 I Einen Dutch Oven im Grill erhitzen und das Fleisch mit etwas Öl in Etappen darin scharf anrösten, das geht natürlich auch in einem normalen Topf auf dem Herd.

3 I In der Zwischenzeit eine Zwiebel, die Tomaten und den Knoblauch in kleine Stücke schneiden.

4 I Das angebratene Fleisch aus dem Topf nehmen und bereithalten.

5 I In dem Topf jetzt das geschnittene Gemüse anschwitzen. Die Chipotles mit der Sauce dazugeben und kurz mitrösten.

6 I Mit dem Fond ablöschen, das Fleisch und die Lorbeerblätter dazugeben und langsam köcheln lassen. Nach 2 bis 3 Stunden sollte das Fleisch butterweich sein.

7 I Das Fleisch aus dem Topf holen und die entstandene Sauce aufkochen, bei Bedarf etwas Wasser hinzufügen und abschmecken.

8 I Das Fleisch mit 2 Gabeln auseinander zupfen und in einer Schüssel bereithalten. Zwiebel in kleine Würfel schneiden, Koriander hacken.

9 I Das Fleisch mit etwas Zwiebel, Koriander und Käse in die Tortillas geben.

10 I Die Tacos zusammenklappen und mit etwas Öl in einer Pfanne oder auf einer Gussplatte von beiden Seiten anrösten. Mit dem restlichen Kochsud servieren.

11 I Ein Spritzer Limette zum Abschluss passt hier perfekt.

TACO BISTECCA CON QUESO

FÜR 4 PERSONEN

12 Tortillas, 100 mm

2 Steaks vom Rind à ca. 400 g

1 Kopf Frisée Salat

Avocadocrema (Rezept Seite 115)

200 g geriebener Cheddar

200 g geriebener Bergkäse

Salz & Pfeffer

Limetten

ZUBEREITUNG

1 I Die Steaks von allen Seiten sehr scharf anrösten und dann im indirekten Bereich des Grills medium garen.

2 I 5 Minuten ruhen lassen, in kleine Stücke schneiden und warmhalten.

3 I Die Tortillas auf dem Grill leicht anrösten und auslegen.

4 I Etwas Salat darauflegen, dann das Fleisch und die Avocadocrema darauf geben.

5 I Ordentlich Käse darüber verteilen und mit Limettenspalten zum Verfeinern servieren.

STEAK BURRITO

FÜR 4 PERSONEN

4 Tortillas, 300 mm

1 Rinder-Steak, ca. 500 g,
z. B. Flank- oder Rumpsteak

250 g Zwiebeln

Öl zum Braten

200 g Guacamole (Rezept Seite 121)

1 Romana-Salat

50 g Parmesan

1 Chilischote

½ Bund Koriander

4 EL Mayonnaise

Salz & Pfeffer

ZUBEREITUNG

1 I Das Steak auf dem heißen Grill von beiden Seiten scharf anrösten und fertig garen, dabei alle 60 Sekunden drehen, das sorgt für eine grandiose Kruste und viel Geschmack.

2 I Vom Rost nehmen, mit Salz und Pfeffer würzen und 5 Minuten ruhen lassen.

3 I Die Zwiebeln in Scheiben schneiden und mit etwas Öl in einer Pfanne ca. 5 Minuten lang anschwitzen.

4 I Die Tortillas auslegen und mit der Guacamole bestreichen.

5 I Den Salat in Streifen schneiden und darüber verteilen.

6 I Das Fleisch in mundgerechte Stücke schneiden und auf den Salat legen.

7 I Den Parmesan darüber reiben.

8 I Chilischote in Ringe schneiden, Koriander grob hacken.

9 I Mayonnaise, Koriander und Chili darüber verteilen und die Tortillas zusammenrollen, dabei die Seiten zum Verschließen einklappen, wie bei einer Roulade.

10 I Auf den Grillrost legen und den Burrito von allen Seiten erwärmen und leicht anrösten.

FLANKSTEAK TACO

FÜR 4 PERSONEN

8 Tortilla Hard Shells

500 g Flanksteak

100 g Rucola

Guacamole (Rezept Seite 121)

50 g Pecorino

bunte milde Chilischoten

Salz & Pfeffer

2 Limetten

bunte Kresse

ZUBEREITUNG

1 I Das Flanksteak auf dem Grill scharf anrösten und dann im indirekten Bereich bis zu einer Kerntemperatur von ca. 54 °C garen.

2 I Rucola auf die Tortilla-Shells verteilen.

3 I Das Steak in kleine Stücke schneiden und mit Salz und Pfeffer würzen.

4 I Auf den Rucola legen und etwas Guacamole darübergeben.

5 I Mit der Kresse und dünnen Ringen von den Chilischoten dekorieren und den Käse darüber reiben.

6 I Mit Limettenspalten anrichten und servieren.

STEAK QUESADILLA

FÜR 4 PERSONEN

8 Tortillas, 200 mm
2 Rumpsteaks à 400 g
4 Lauchzwiebeln
2 milde Chilischoten
2 Knoblauchzehen
8 EL Mayonnaise
250 g geriebener Cheddar
250 g geriebener Bergkäse
schwarzer Pfeffer, gestoßen
Salz

ZUBEREITUNG

1 I Die Steaks auf dem Grill von beiden Seiten scharf anrösten und medium garen.

2 I In der Zwischenzeit Lauchzwiebeln und Chilischoten in feine Ringe schneiden, Knoblauch fein hacken.

3 I 4 Tortillas auslegen und mit je einem EL Mayonnaise bestreichen.

4 I Cheddar und Bergkäse vermischen und die Hälfte davon auf die Tortillas verteilen.

5 I Knoblauch, Chili und Lauchzwiebeln darüber verteilen.

6 I Die Steaks vom Rost nehmen, 5 Minuten ruhen lassen und dann in kleine Stücke schneiden.

7 I Gleichmäßig auf die Tortillas geben.

8 I Mit Salz und Pfeffer würzen und den restlichen Käse darübergeben.

9 I Die restliche Tortillas ebenfalls mit Mayonnaise bestreichen und auflegen.

10 I Die Quesadillas im Grill bei ca. 180 °C C. 5 Minuten anrösten, dann drehen und weitere 5 Minuten garen.

11 I Vom Grill nehmen, 2 Minuten abkühlen lassen und zum Servieren in Stücke schneiden.

SCHWEIN

PORK BURRITO MIT ZARTWEIZEN UND BOHNENPASTE

FÜR 4 PERSONEN

4 Tortillas, 300 mm

100 g Bohnenpaste (Rezept Seite 121)

1 Salatherz

ca. 400 g gegrilltes Schweinefleisch, z. B. Nackenkotelett oder auch Pulled Pork

200 g gegarter Zartweizen (gegarter Reis geht auch)

100 g Guacamole (Rezept Seite 121)

1 bis 2 Chilischoten

½ Bund Koriander

200 g Tomatensalsa (Rezept Seite 122)

Limettencrema (Rezept Seite 118)

Kresse

ZUBEREITUNG

1 | Die Tortillas auslegen und mit der Bohnenpaste bestreichen.

2 | Salat in feine Streifen schneiden und darüber verteilen.

3 | Fleisch in kleine Stücke schneiden und auf den Salat legen, ebenso den gegarten Zartweizen.

4 | Die Guacamole darauf geben, dann die in Ringe geschnittene Chili und die gezupften Korianderblätter.

5 | Die Tortillas zusammenrollen, dabei die Seiten zum Verschließen einklappen, wie bei einer Roulade.

6 | Wenn die Zutaten beim Rollen heiß sind, kann sofort gegessen werden, und so ist das in den USA üblich, oder man legt die Burritos zum Erhitzen in den Grill oder Backofen.

7 | Auf einen Teller legen, Tomatensalsa und Crema darübergeben und mit etwas Kresse als Deko servieren.

CHEESE-PORK-TACO

FÜR 4 PERSONEN

8 Tortillas, 120 mm

800 g Schweinenacken in dünnen Scheiben

200 g geriebener Cheddar

200 ml Käsesauce

1 Lauchzwiebel

Salz & Pfeffer

Avocadocrema (Rezept Seite 115)

1 Chilischote

Tomatensalsa

ZUBEREITUNG

1 I Den Schweinenacken auf dem Grill von beiden Seiten kräftig anrösten und bei hoher Hitze garen.

2 I In der Zwischenzeit geriebenen Käse und Käsesauce in einer Schüssel miteinander vermengen.

3 I Lauchzwiebel in feine Ringe schneiden und dazugeben.

4 I Das Fleisch vom Grill nehmen und sofort in mundgerechte Stücke schneiden.

5 I Noch heiß in die Schüssel mit dem Käse geben, mit Salz und Pfeffer würzen und unterrühren.

6 I Die Tortillas auf dem Grill kurz anrösten und etwas von dem Fleisch mit geschmolzenem Käse auflegen.

7 I Tomatensalsa auf das Fleisch geben, außerdem noch etwas von der Avocadocrema.

8 I Mit der in Ringe geschnittenen Chilischote dekorieren und servieren.

CHORIZO-BOHNENMUS-TACO

FÜR 4 PERSONEN

8 bis 12 Tortillas, 100 mm

600 g Chorizo

1 rote Paprika

frischer Koriander

rote Bohnenpaste (Rezept Seite 119)

Guacamole (Rezept Seite 121)

Limettencrema (Rezept Seite 118)

100 g Pecorino

ZUBEREITUNG

1 I Die Chorizo auf dem Grill von allen Seiten anrösten und fertig garen.

2 I Paprika in Streifen schneiden, Koriander grob hacken.

3 I Die Tortillas auf dem Grill kurz anrösten und mit etwas Bohnenpaste bestreichen.

4 I Paprikastreifen auf die Bohnenpaste legen.

5 I Die Chorizo in kleine Stücke schneiden und darübergeben.

6 I Etwas Guacamole und Limettencrema darauf verteilen.

7 I Den Pecorino darüber reiben und den Koriander auf dem Taco verteilen.

ENCHILADA MIT SCHWEINEFLEISCH UND TOMATENSALSA

FÜR 4 PERSONEN

4 Tortillas, 250 mm

ca. 600 g gegrilltes Schweinefleisch (Resteverwertung)

3 Lauchzwiebeln

2 rote Spitzpaprika

1 große Zwiebel

1 Knoblauchzehe

1 Chilischote

Salz & Pfeffer

400 ml Tomaten-Chili-Salsa (Rezept Seite 122)

100 g geriebener Bergkäse

Limettencrema (Rezept Seite 118)

Öl zum Braten

Kresse

ZUBEREITUNG

1 I Lauchzwiebeln, Zwiebel und Paprika in schmale Streifen schneiden und mit etwas Öl in einer heißen Pfanne leicht anrösten.

2 I Knoblauch und Chilischote fein hacken und nach ein paar Minuten mit in die Pfanne geben. Alles für ca. 10 Minuten rösten, dann leicht abkühlen lassen.

3 I Die Hälfte der Salsa in eine Auflaufform geben.

4 I Die Fleisch-Gemüsemischung auf die Tortillas aufteilen und darin einrollen.

5 I Die gerollten Tortillas in die Auflaufform legen, den geriebenen Käse und die restliche Salsa darüber verteilen.

6 I Für ca. 20–30 Minuten indirekt im Grill bei ca. 180 °C überbacken.

7 I Die Enchiladas auf einem Teller anrichten und etwas Crema darübergeben. Mit Kresse dekorieren und servieren.

FRÜHSTÜCKS-TACO

FÜR 4 PERSONEN

12 Taco Hard Shells

8 Streifen Bacon

8 bis 10 Eier

Salat, z. B. Lollo Rosso

100 g Radieschen

Avocadocrema (Rezept Seite 115)

Hot Sauce

Öl zum Braten

Salz & Pfeffer

ZUBEREITUNG

1 I Den Bacon in schmale Streifen schneiden und in einer heißen Pfanne kurz anrösten, falls nötig etwas Öl dazugeben.

2 I In der Zwischenzeit die Eier in eine Schüssel geben, mit Salz und Pfeffer würzen und miteinander verquirlen.

3 I Zum Bacon in die Pfanne geben und bei mittlerer Temperatur stocken lassen, dabei häufig durchrühren, damit ein gleichmäßiges Rührei entsteht.

4 I Etwas Salat in die Taco Shells legen und das Rührei hineingeben.

5 I Die Radieschen grob raspeln und auf des Rührei geben.

6 I Avocadocrema und Hot Sauce darüber verteilen und servieren.

GYROS SELBST MACHEN

ZUTATEN

1 kg Schweinenacken
4 Knoblauchzehen
1 Chilischote
200 ml Joghurt, 10 %
4 EL Gyrosgewürz (Rezept Seite 124)

2 große Zwiebeln
Dönerbrot
Tsatsiki (Rezept Seite 123)
Krautsalat

ZUBEREITUNG

1 I Den Schweinenacken in dünne Scheiben schneiden.

2 I Knoblauch fein reiben, Chili fein hacken.

3 I Joghurt, Gewürz, Knoblauch und Chili in eine Schüssel geben und zu einer Marinade vermengen.

4 I Das Fleisch gleichmäßig mit der Marinade bestreichen und abgedeckt im Kühlschrank über Nacht ziehen lassen.

5 I Eine Zwiebel halbieren, die andere in dünne Scheiben schneiden.

6 I Zuerst eine halbe Zwiebel auf einen großen Spieß stecken, dann die Fleischscheiben, zwischendurch eine Scheibe Zwiebel.

7 I Abschließend die zweite Hälfte der Zwiebel.

8 I Über direkter, hoher Hitze von allen Seiten anrösten und ein paar Minuten garen.

9 I Dann immer wieder Portionen herunterschneiden und servieren, den Rest zurück auf den Grill geben und immer so fortfahren, bis alles aufgegessen ist.

GYROS TACO

FÜR 4 PERSONEN

Ca. 400 g Gyros, selbstgemacht oder vom Lieblings-Griechen

4 Tortillas, 150 mm

Grüner Salat, z. B. Lollo Biondo

1 rote Zwiebel

2 Tomaten

200 g Feta

200 g Krautsalat

200 g Tsatsiki (Rezept Seite 123)

1 EL Gyrosgewürz

Chiliflocken

ZUBEREITUNG

1 | Salat waschen, trocknen und zupfen. Zwiebel in halbe Ringe, Tomaten in kleine Stücke schneiden.

2 | Feta in kleine Würfel schneiden oder zerkrümeln.

3 | Die Tortillas auf dem Grill leicht anrösten und erhitzen.

4 | Dann mit Salat belegen, darauf kommen Tsatsiki, Tomaten und Zwiebeln.

5 | Das heiße Fleisch auflegen, Feta darübergeben und mit etwas Rub und/oder Chiliflocken verfeinern.

PORKBELLY TACO

FÜR 4 PERSONEN

8 Tortillas, 100 mm

300 g Schweinebauch in Scheiben

3 EL BBQ Rub für Schwein (Rezept Seite 124)

1 Salatherz

8 Cherrytomaten

Guacamole (Rezept Seite 121)

100 ml BBQ Sauce

50 g Pecorino

Hot Sauce

1 Limette

ZUBEREITUNG

1 I Bauchfleisch von beiden Seiten mit dem Rub würzen und für ca. 30 Minuten ziehen lassen.

2 I Auf dem Grill von beiden Seiten scharf angrillen und dann im indirekten Bereich des Grills fertig garen.

3 I In der Zwischenzeit den Salat in feine Streifen, die Tomaten in mundgerechte Stücke schneiden.

4 I Die Tortillas auf dem Grill erwärmen und leicht anrösten.

5 I Salat und Tomaten darauf verteilen.

6 I Den Schweinebauch in schmale Streifen schneiden und auf die Tacos geben.

7 I Etwas BBQ Sauce und Guacamole darauf verteilen und den Käse darüber reiben.

8 I Ein bisschen scharfe Sauce macht die Sache extra pikant, ein Spritzer Limette etwas frischer.

PULLED-PORK-TACO

FÜR 4 PERSONEN

8 bis 12 Tortillas, 100 mm

1 kg Schweinenacken oder 600 g fertiges Pulled Pork

4 EL BBQ Rub für Schwein (Rezept Seite 124)

100 ml Apfelsaft

100 ml BBQ Sauce

2 Chilischoten

Salz & Pfeffer

Cole Slaw (Rezept Seite 117)

1 kleine Dose Bohnen

Carolina Mustard Sauce (Rezept Seite 116)

ZUBEREITUNG

1 I Pulled Pork: Das Fleisch von allen Seiten mit dem BBQ Rub würzen und im Smoker für ca. 3 Stunden indirekt bei 135 °C smoken, z. B. mit Apfel- oder Hickory-Holz. Dann mit dem Apfelsaft in Butcherpapier wickeln oder in einen Dutch Oven geben und den Deckel schließen. Nach weiteren 3 bis 4 Stunden sollte das Fleisch fertig zum Zupfen sein.

2 I Die Chilischoten fein hacken und mit den Bohnen in einen kleinen Topf geben.

3 I Die BBQ Sauce hinzufügen und für ca. 30 Minute sanft köcheln.

4 I Zum Servieren die Tortillas auf dem Grill leicht anrösten und mit Pulled Pork belegen.

5 I Etwas Cole Slaw und einen großen Löffel Bohnen darauf verteilen.

6 I Ein wenig Sauce darauf geben und servieren.

PULLED-RIBS-TACO

FÜR 4 PERSONEN

8 bis 12 Tortillas, 100 mm

2 kg Schweinerippchen

4 EL BBQ Rub für Schwein

250 ml Apfelsaft

400 g Cole Slaw (Rezept Seite 117)

1 Salatherz

BBQ Sauce

ZUBEREITUNG

1 I Die Ribs von der Silberhaut auf der Knochenseite befreien und rundherum mit dem Rub würzen.

2 I Den Grill auf 135 °C vorheizen und die Ribs 3 Sunden indirekt mit etwas Räucherholz smoken.

3 I Dann die Ribs in einen passenden, nicht zu großen Dutch Oven legen, den Apfelsaft und etwas BBQ Sauce hinzufügen.

4 I Den Deckel schließen und für weitere 3 Stunden im Grill bei gleicher Einstellung garen.

5 I Das Fleisch sollte dann vom Knochen fallen, ansonsten weitere 30 Minuten im Grill lassen.

6 I Aus dem Topf nehmen und das Fleisch von Knochen und festen Sehnen befreien.

7 I Wieder in den Topf geben und mit zwei Gabeln in kleine Stücke zupfen.

8 I Die Tortillas auf dem Grill leicht anrösten, dann mit etwas Salat und Cole Slaw belegen.

9 I Das zerzupfte Fleisch darauf verteilen und etwas BBQ Sauce darübergeben.

TACO AL PASTOR

FÜR 4 PERSONEN

8 bis 12 Tortillas, 100 mm

1 kg Schweinenacken

rote Chilimarinade (Rezept rechts)

1 Ananas

Avocadocrema (Rezept Seite 115)

Limettencrema (Rezept Seite 118)

1 Bund Koriander

2 weiße Zwiebeln

Limettenspalten

ZUBEREITUNG

1 I Den Schweinenacken in dünne Scheiben schneiden und in einer Schüssel mit der Marinade vermischen.

2 I Für ca. 24 Stunden im Kühlschrank marinieren.

3 I Die Ananas schälen und quer halbieren.

4 I Zuerst eine Hälfte der Ananas auf einen großen Spieß stecken, dann möglichst gleichmäßig das Fleisch, und abschließend die zweite Hälfte der Ananas.

5 I Über direkter, hoher Hitze anrösten und immer wieder Portionen mit einem scharfen Messer runterschneiden und servieren, so wie man das vom Döner kennt.

6 I Der Rest kommt zurück auf den Grill, und das Procedere wird so lange wiederholt, bis alles aufgegessen ist.

7 I Tortillas auf dem Grill leicht anrösten und mit dem geschnittenen Fleisch und ein paar Stückchen der Ananas belegen.

8 I Mit Avocado- und Limettencrema verfeinern, gehackte Zwiebeln und Koriander darüber verteilen und mit den Limettenspalten servieren.

ROTE CHILI MARINADE

Tomate (mittelgroß)

3 Knoblauchzehen

3 Chilis

2 EL Achiote-Paste

2 EL Apfelessig

1 TL Chipotle

1 TL Cumin

1 TL Oregano

½ TL Salz

½ TL Pfeffer

Alle Zutaten in einen Mixer geben und zu einer Marinade verarbeiten, Tomate, Chili und Knoblauch natürlich vorher putzen, bzw. schälen.

HACK

Auch die Würzsauce Chimichurri passt sehr gut dazu.

ARGENTINISCHE EMPANADAS

FÜR 12 EMPANADAS

8 Teigfladen (Rezept Seite 120)
1 Packung oder Glas Rinderfett
1 große weiße Zwiebel
1 Knoblauchzehe
1 Paprika
500 g Rinderhack
1 EL Pimentón
1 TL Cumin, gemahlen
100 ml Bier
2 gekochte Eier
1 Bund Frühlingzwiebeln
100 g Rosinen
100 g grüne Oliven
Zitronen

ZUBEREITUNG

1 I In einem Dutch Oven oder einer Gusseisenpfanne 100 g Fett erhitzen.

2 I Zwiebeln und Paprika würfeln und in dem heißen Fett anbraten.

3 I Knoblauch hacken und dazugeben.

4 I Nach ein paar Minuten kommt das Fleisch dazu.

5 I Alles rundherum anbräunen, dann kommen Gewürze hinzu.

6 I Mit dem Bier ablöschen, dann einkochen und abschmecken.

7 I Vom Feuer nehmen und kalt werden lassen (geht auch gut über Nacht).

8 I Eier, Oliven und Frühlingszwiebeln fein würfeln und zu der Füllung geben, ebenso die Rosinen.

9 I Alles gut miteinander vermengen und nochmals kräftig abschmecken.

10 I Jetzt können die Empanadas gefüllt werden, dazu wird auf den ausgerollten Teig etwas Füllung gegeben, der Teig zusammengelegt und sorgfältig am Rand verschlossen.

11 I Für einen dekorativen Rand nimmt man immer etwas Teig zwischen zwei Finger und dreht ihn im Uhrzeigersinn um 180 °C. Man beginnt an einer Seite der Naht, und arbeitet sich dann einmal der Naht entlang. Braucht etwas Übung.

12 I Die Empanadas können frittiert oder gebacken werden, beides ist authentisch.

13 I Beim Essen wird dann etwas frischer Zitronensaft in die Empanadas gegeben, das sorgt für den authentischen Geschmack.

CHEESEBURGER QUESADILLA

FÜR 4 PERSONEN

8 Tortillas, 150 mm
600 g Rinderhack
300 g geriebener Cheddar
4 Gewürzgurken
1 Zwiebel
Senf
200 ml Mayonnaise
50 ml Tomatenketchup
1 Lauchzwiebel
Salz & Pfeffer

ZUBEREITUNG

1 I Das Hackfleisch zu 3 Patties formen und auf dem Grill scharf anrösten und medium garen.

2 I In der Zwischenzeit die Zwiebeln und Gewürzgurken in kleine Würfel schneiden.

3 I Patties vom Grill nehmen und etwas abkühlen lassen.

4 I 4 Tortillas auslegen und die Hälfte des geriebenen Käses darauf verteilen.

5 I Die Patties in kleine Stücke brechen oder schneiden und auf den Käse legen.

6 I Mit Salz und Pfeffer würzen.

7 I Kleingeschnittene Zwiebel und Gurken gleichmäßig darüber verteilen.

8 I Etwas Senf und den restlichen Käse darübergeben.

9 I Die restlichen Tortillas auflegen und die Quesadillas im Grill bei ca. 180 °C ein paar Minuten anrösten, dann drehen und zu Ende garen, insgesamt 8 bis 10 Minuten sollten locker reichen.

10 I Lauchzwiebel in feine Ringe schneiden und mit Mayo und Ketchup zu einem Dip verarbeiten.

11 I Mit Salz und Pfeffer abschmecken und mit den Quesadillas servieren.

CHILI-KÄSE-TACO

FÜR 4 PERSONEN

8 bis 12 Tortillas, 100 mm

800 g Hackfleisch vom Rind

1 große Zwiebel

2 Knoblauchzehen

5 milde Chilischoten

2 scharfe Chilischoten

1 Tasse kalter, starker Kaffee

1 kleine Dose gehackte Tomaten

1 Dose Chipotle in Adobe

Salz & Pfeffer

Rinderfond nach Bedarf

30 g dunkle Schokolade

1 Kopf Frisée Salat

1 kleine Dose Mais

Käsesauce (Rezepte Seite 115)

Avocadocrema (Rezepte Seite 115)

100 g Pecorino
(oder mexikanischer Cotija)

ZUBEREITUNG

1 | Das Hackfleisch in einem Dutch Oven mit etwas Öl scharf anbraten.

2 | Zwiebeln, Knoblauch und Chilischoten fein hacken und dazugeben.

3 | Mit dem Kaffee ablöschen und die gehackten Tomaten hinzufügen.

4 | Chipotles dazugeben und mit Salz und Pfeffer würzen.

5 | Bei mittlerer Hitze ca. 2 Stunden köcheln, bei Bedarf etwas Flüssigkeit, Wasser oder Rinderfond nachgießen.

6 | Wenn alles schön zusammengekocht ist, die Schokolade hinzufügen und nochmal abschmecken.

7 | Die Tortillas auf dem Grill kurz anrösten und etwas Salat und das Chili auflegen.

8 | Ein paar Körner Mais darauf verteilen, Käsesauce und die Avocadocrema darauf geben und den Pecorino frisch darüber reiben.

CHILI-CON-CARNE-TACO

FÜR 4 PERSONEN

8 bis 12 Tortillas, 100 mm
600 g gemischtes Hackfleisch
1 große Zwiebel
200 g bunte Paprikaschoten
200 g Bohnen aus der Dose
2 Knoblauchzehen
2 Chilischoten
400 g gehackte Tomaten aus der Dose
2 EL Paprika rosenscharf
1 EL Cumin
1 Salatherz
Avocadocrema (Rezept Seite 115)
Limettencrema (Rezept Seite 118)
100 g Kirschtomaten
Tomaten-Chili-Salsa (Rezept Seite 122)
Öl zum Braten
Hot Sauce

ZUBEREITUNG

1 I In einem heißen Topf das Hackfleisch mit etwas Öl scharf anrösten.

2 I In der Zwischenzeit Zwiebel, Paprikaschoten, Knoblauch und Chilischoten in kleine Stücke schneiden.

3 I Wenn das Hackfleisch eine schöne Farbe bekommen hat, kommt das geschnittene Gemüse dazu.

4 I Nach ein paar Minuten können die Dosentomaten, die abgetropften Bohnen und die Gewürze mit in den Topf.

5 I Das Ganze 2 Stunden sanft köcheln lassen und nochmal abschmecken.

6 I Die Tortillas auf dem Grill leicht anrösten und dann etwas fein geschnittenen Salat darauflegen.

7 I Das Chili con Carne auf den Salat geben.

8 I Mit ein paar Scheiben Kirschtomaten garnieren, dann kommen die Salsa und die beiden Cremas auf den Taco, etwas Hot Sauce verleiht der ganzen Sache einen zusätzlichen Kick.

CHILI-CHEESE-TACO

FÜR 4 PERSONEN

8 bis 12 Tortillas, 100 mm

800 g Rinderhack

1 große Zwiebel

2 Knoblauchzehen

5 milde Chilischoten

2 scharfe Chilischoten

1 Tasse kalter, starker Kaffee

1 kleine Dose gehackte Tomaten

1 Dose Chipotle in Adobe

Salz & Pfeffer

30 g dunkle Schokolade

1 Salatherz

200 g geriebener Cheddar

200 g geriebener Bergkäse

2 Avocados

eingelegte Jalapeños

frischer Koriander

ZUBEREITUNG

1 I Das Hackfleisch in einem Dutch Oven mit etwas Öl scharf anbraten.

2 I Zwiebeln, Knoblauch und Chilischoten fein hacken und dazugeben.

3 I Mit dem Kaffee ablöschen und die gehackten Tomaten hinzufügen.

4 I Chipotles dazugeben und mit Salz und Pfeffer würzen.

5 I Bei mittlerer Hitze ca. 2 Stunden köcheln, bei Bedarf etwas Flüssigkeit, Wasser oder Rinderfond nachgießen.

6 I Wenn alles schön zusammengekocht ist, die Schokolade hinzufügen und nochmal abschmecken.

7 I Die Tortillas auf dem Grill kurz anrösten und etwas Salat und das Chili auflegen.

8 I Avocadospalten, gehackten Koriander, geriebenen Käse und Jalapeños auf den Taco geben und servieren.

HACK-PAPRIKA-TACO

FÜR 4 PERSONEN

12 Tortillas, 100 mm
1 kg gemischtes Hackfleisch
400 g bunte Paprikaschoten
1 Zwiebel
2 Knoblauchzehen
2 milde Chilischoten
2 EL Tomatenmark
Salz & Pfeffer
½ TL Cumin
grüne Chilisauce (Rezept Seite 120)
Limettencrema (Rezept Seite 118)
Öl zum Braten

ZUBEREITUNG

1 I Das Hackfleisch für 5 Minuten in einer Gusseisenpfanne im Grill mit etwas Öl scharf anrösten.

2 I In der Zwischenzeit Zwiebel, Paprikaschoten, Knoblauch und Chilischoten in kleine Stücke schneiden.

3 I Zum Hackfleisch geben und für ca. 10 Minuten bei mittlerer Temperatur schmoren.

4 I Tomatenmark dazugeben und mit Salz, Pfeffer und Cumin würzen.

5 I Für weitere 5 Minuten garen.

6 I Tortillas auf dem Grill leicht anrösten und dann die Hackfleischmasse darauf verteilen.

7 I Etwas Crema und Chilisauce darübergeben und servieren.

HACKFLEISCH-MAIS-TACO

FÜR 4 PERSONEN

8 bis 12 Tortillas, 100 mm

800 g Rinderhack

2 EL Paprika rosenscharf

Salz & Pfeffer

200 g Mais aus der Dose

2 rote Zwiebeln

Kresse oder Gemüsesprossen

Avocadocrema (Rezept Seite 115)

Limettencrema (Rezept Seite 118)

Öl zum Braten

ZUBEREITUNG

1 I Das Hackfleisch mit etwas Öl scharf anbraten und mit Salz, Pfeffer und Paprika würzen.

2 I Für ca. 10 Minuten braten und dann den abgetropften Mais dazugeben.

3 I Für weitere 5 Minuten braten.

4 I In der Zwischenzeit die Zwiebeln in feine Ringe schneiden.

5 I Die Tortillas auf dem Grill leicht anrösten und dann mit dem Hackfleisch füllen.

6 I Avocado- und Limettencrema darüber verteilen und ein paar Zwiebelringe darübergeben.

7 I Mit der Kresse dekorieren und servieren.

HACKFLEISCH-REIS-TACO

FÜR 4 PERSONEN

8 Tortillas, 150 mm

120 g Jasminreis

200 ml Kokosmilch

200 ml Gemüsebrühe

1 Limette

5 Stiele frischer Koriander

80 g Cashewkerne, geröstet und gesalzen

800 g gemischtes Hackfleisch

1 Knoblauchzehe

1 Chilischote

200 g Tomaten

200 g Crème fraîche

100 g Rucola

1 rote Zwiebel

Salz & Pfeffer

Paprikacrema (Rezept Seite 116)

ZUBEREITUNG

1 I Gemüsebrühe, Kokosmilch und Reis in einen Topf geben und aufkochen lassen.

2 I Ca. 10 Minuten sanft köcheln, bis der Reis gar ist.

3 I Abrieb und Saft der Limette, gehackte Cashewkerne und gehackten Koriander unter den Reis mischen.

4 I In der Zwischenzeit das Hackfleisch scharf anbraten und mit Salz und Pfeffer würzen.

5 I Knoblauch und Chili fein hacken und dazugeben. Die Tomaten in feine Scheiben schneiden.

6 I Tortillas auf dem Grill leicht anrösten.

7 I Mit etwas Crème fraîche bestreichen und ein paar Tomatenscheiben und etwas Rucola auflegen.

8 I Mittig das Hackfleisch verteilen. Reis auf die Tacos geben und mit ein paar Ringen der Zwiebel und etwas Paprikacrema verfeinern.

GEFLÜGEL

BBQ EMPANADAS

FÜR 4 PERSONEN

8 Teigfladen (Rezept Seite 120)

800 g Pulled Chicken, Pulled Pork oder Brisket

dafür eignen sich sehr gut die sogenannten „Left-overs“ vom letzten BBQ

200 ml BBQ-Sauce

ZUBEREITUNG

1 I Das (kalte) Fleisch mit der BBQ-Sauce vermischen.

2 I Etwas davon auf die Teigfladen geben und die Empanadas verschließen.

3 I Für einen dekorativen Rand nimmt man immer etwas Teig zwischen zwei Finger und dreht ihn im Uhrzeigersinn um 180 °C um, an einer Seite der Naht anfangen, und dann einmal der Naht entlang fortsetzen. Es braucht etwas Übung …

4 I Die Empanadas können frittiert oder gebacken werden, beides ist authentisch.

5 I Zum Servieren etwas zusätzliche BBQ Sauce bereitstellen.

Das könnte genauso gut im Kapitel Schwein oder Rind stehen ...

CHEESY-CHICKEN-TACOS

FÜR 4 PERSONEN

12 Tortillas, 100 mm

600 g Pollo Fino (ausgelöste Keulen vom Huhn)

2 EL Cajun Rub

100 ml Mayonnaise

3 Lauchzwiebeln

1 milde Chilischote

200 geriebener Cheddar

200 g geriebener Bergkäse

Tomatensalsa (Rezept Seite 122)

Avocadocrema (Rezept Seite 115)

ZUBEREITUNG

1 I Das Fleisch von allen Seiten mit dem Rub würzen und für 15 Minuten ziehen lassen.

2 I Auf dem Grill scharf anrösten und bei hoher Hitze fertig garen, dabei häufig drehen und wenden, damit es zwar knusprig wird, aber nichts anbrennt.

3 I In der Zwischenzeit Lauchzwiebel und Chilischote in feine Ringe schneiden und mit der Mayonnaise in eine Schüssel geben.

4 I Das fertige Hähnchen vom Rost nehmen, in kleine Stücke schneiden und mit der Mayonnaise vermischen.

5 I Die Tortillas auf eine auf mittlere Temperatur vorgeheizte Gussplatte im Grill legen und etwas vom Käse darüber verteilen, auch gerne leicht über den Rand, der Käse wird dann besonders knusprig.

6 I Wenn der Käse geschmolzen ist, etwas vom Fleisch und von der Tomatensalsa auflegen.

7 I Noch mit etwas Avocadocrema verfeinern, und dann kann es serviert werden.

CHICKEN TACO MIT ANANAS UND GUACAMOLE

FÜR 4 PERSONEN

8 Tortillas, 120 mm

600 g Hähnchen Pollo Fino oder Brustfilet

3 EL Hähnchengewürz oder Rub

½ Ananas

1 Salatherz

1 Chilischote

8 TL Mayonnaise

200 ml Guacamole (Rezept Seite 121)

ZUBEREITUNG

1 | Das Hähnchen unter klarem Wasser abwaschen und trocken tupfen.

2 | Mit der Gewürzmischung bestreuen und ca. 15 Minuten ziehen lassen.

3 | Hähnchen auf dem Grill von allen Seiten scharf anrösten und fertig garen.

4 | Die halbe Ananas schälen, Strunk entfernen und für 10 bis 15 Minuten rundherum auf dem Grill anrösten.

5 | In der Zwischenzeit den Salat in feine Streifen schneiden und die Chili fein hacken.

6 | Tortillas auf dem Grill kurz anrösten und dann mit der Mayonnaise bestreichen.

7 | Den Salat und Chili auflegen, Hähnchen in kleine Stücke schneiden und darüber verteilen.

8 | Die Guacamole darübergeben Ananas in kleine Stücke schneiden und darauflegen.

9 | Wer mag, kann die Tacos noch mit einer scharfen Sauce verfeinern.

CHICKEN BURRITO

FÜR 4 PERSONEN

4 Tortillas, 300 mm

1 Avocado

400 g gegrilltes Hähnchen ohne Knochen, abgekühlt

1 Chilischote

¼ Bund Koriander

1 rote Spitzpaprika

200 g gegarter Zartweizen oder Reis

200 g geriebener Cheddar

Salz & Pfeffer

100 g Rucola

Käsesauce (Rezept Seite 115)

2 Limetten

ZUBEREITUNG

1 I Avocado halbieren, entkernen und aus der Schale nehmen.

2 I Hähnchen in kleine Stücke schneiden und in eine Schüssel geben.

3 I Chilischote und Paprika in feine Ringe schneiden, Koriander fein hacken und in die Schale geben.

4 I Geriebenen Käse und Zartweizen dazutun, mit Salz und Pfeffer würzen und alles gut miteinander vermengen.

5 I Tortillas auslegen und den Hähnchen-Mix darauf verteilen.

6 I Den Rucola auflegen, ebenso die in Spalten geschnittene Avocado.

7 I Die Tortillas aufrollen und im Grill oder Backofen bei ca. 180 °C 15 Minuten erwärmen.

8 I Mit Salat anrichten, etwas Käsesauce darübergeben und mit Limettenspalten servieren.

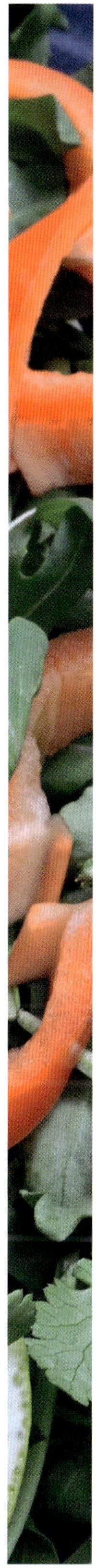

HÄHNCHEN TACO MIT MANGO UND RADIESCHEN

FÜR 4 PERSONEN

8 Tortillas, 120 mm

ca. 400 g gegrilltes oder gebratenes Hähnchenfleisch

1 Mango

200 g Radieschen

grüner Salat

Avocadocrema (Rezept Seite 115)

Hot Sauce passt immer

ZUBEREITUNG

1 I Die Mango schälen und das Fruchtfleisch in kleine Würfel schneiden.

2 I Radieschen gründlich waschen und mit der Schale grob reiben.

3 I Tortillas auf dem Grill leicht erwärmen und anrösten.

4 I Vom Grill nehmen und mit etwas gezupftem Salat belegen.

5 I Hähnchenfleisch in kleine Stücke schneiden und auf den Salat legen.

6 I Mango und Radieschen darübergeben und etwas Crema darüber verteilen.

PULLED-CHICKEN-TACO

FÜR 4 PERSONEN

8 bis 12 Tortillas, 100 mm

ein ganzes Hähnchen, ca. 1,2 kg oder 600–800 g fertiges Pulled Chicken

3 EL BBQ Rub für Hähnchen

400 g Cole Slaw (Rezept Seite 117)

BBQ Sauce

ZUBEREITUNG

1 I Pulled Chicken: Das Hähnchen gründlich waschen und trocknen. Rundherum mit dem Rub würzen und indirekt im Grill bei 160 bis 180 °C für ca. 1 Stunde garen, bis die Kerntemperatur in der Keule mindestens 80 °C erreicht hat. Das Hähnchen vom Rost nehmen und das Fleisch mit zwei Gabeln von den Knochen und der Karkasse zupfen.

2 I Die Tortillas kurz auf dem Grill anrösten und etwas Cole Slaw darauf verteilen.

3 I Das gezupfte Hähnchen darüber verteilen und die BBQ Sauce darübergeben.

FISCH

FRIED-FISH-TACO

FÜR 4 PERSONEN

400 g Alaska Kabeljaufilet ohne Haut und Gräten

8 Taco Shells

2 Eier

100 g Mehl, Type 405

200 g Panko-Paniermehl

Salz & Pfeffer

½ rote Paprikaschote

½ grüne Paprikaschote

Kresse

1 Chilischote

200 g Sour Creme

Guacamole (Rezept Seite 121)

Limettencrema (Rezept Seite 118)

ZUBEREITUNG

1 I Den Fisch in 8 Portionen schneiden

2 I Mit Salz und Pfeffer würzen und klassisch mit Mehl, aufgeschlagenem Ei und Panko panieren.

3 I In einer tiefen Pfanne mit reichlich Öl ausbacken, bis die Panade goldbraun und knusprig geworden ist.

4 I In der Zwischenzeit die Paprika putzen und in schmale Streifen schneiden.

5 I Taco Shells auslegen und einen Löffel Sour Creme hineingeben.

6 I Die Paprikastreifen darauf verteilen und den Fisch auflegen, dann noch etwas Guacamole und Limettencrema darübergeben und mit der Kresse und Ringen von der Chilischote dekorieren.

SHRIMP TACO

FÜR 4 PERSONEN

8 Tortillas, 120 mm

600 g Shrimp, roh, geschält und entdarmt

1 Tomate

3 Radieschen

1 Chilischote

¼ Bund Koriander

100 ml Mayonnaise

1 EL Tomatenketchup

Salz & Pfeffer

grüner Salat, z. B. Lollo Biondo

Limettencrema (Rezept Seite 118)

Zitronenspalten

ZUBEREITUNG

1 I Die Shrimps mit etwas Öl bestreichen, auf dem heißen Grill oder in einer Pfanne scharf anrösten und für ein paar Minuten garen, dabei sollten sie noch leicht glasig bleiben.

2 I In der Zwischenzeit Tomate, Radieschen, Chilischote und Koriander fein schneiden oder hacken und in eine Schüssel geben.

3 I Mayonnaise und Ketchup dazugeben, mit Salz und Pfeffer würzen und alles miteinander vermischen.

4 I Die Shrimps vom Grill nehmen und heiß in die Schüssel geben.

5 I Vorsichtig untermischen.

6 I Die Tortillas kurz auf dem Grill erwärmen und dann mit etwas Salat belegen.

7 I Die Shrimpmischung gleichmäßig darauf verteilen.

8 I Etwas Limettencrema darübergeben und mit Zitronenspalten zum Nachwürzen servieren.

TACO MIT JAKOBSMUSCHEL UND GUACAMOLE

FÜR 4 PERSONEN

12 Tortillas, 100 mm

300 g Guacamole (Rezept Seite 121)

einige Salatblätter

2 milde Chilischoten

frischer Koriander

24 Jakobsmuscheln

Limettencrema (Rezept Seite 118)

Hot Sauce

Salz

ZUBEREITUNG

1 | Tortillas auf dem Grill von beiden Seiten kurz anrösten.

2 | Vom Rost nehmen und mit der Guacamole bestreichen.

3 | Salat zupfen und auf die Tacos legen.

4 | Koriander und Chilischoten fein schneiden und auf die Guacamole geben.

5 | Die Jakobsmuscheln mit kaltem, klaren Wasser abwaschen und trocken tupfen.

6 | Mit Salz würzen und auf einer Gusseisenplatte- oder pfanne bei großer Hitze von beiden Seiten je 1 bis 2 Minuten sehr scharf anrösten.

7 | Vom Grill nehmen und auf die Tacos legen.

8 | Mit Limettencrema und wenig Hot Sauce verfeinern und servieren.

KABELJAU TACO

FÜR 4 PERSONEN

600 g Kabeljau-Filet, ohne Haut und Gräten

12 Tortillas, 100 mm

100 g Karotten

100 g Brokkoli

2 rote Zwiebeln

1 Knoblauchzehe

1 scharfe Chilischote

Salat, z. B. Frisée

250 g Guacamole (Rezept Seite 121)

Limettencrema (Rezept Seite 118)

Salz & Pfeffer

2 EL Öl

ZUBEREITUNG

1 I Den Fisch kalt abwaschen und trocken tupfen.

2 I Mit Salz und Pfeffer würzen und auf dem Grill anrösten und garen.

3 I In der Zwischenzeit Karotte raspeln, Brokkoli, Knoblauch, Chili und Zwiebel in kleine Stücke schneiden.

4 I In einer Pfanne mit dem Öl für ca.5 Minuten bei viel Hitze braten, dabei ständig rühren und wenden.

5 I Salat waschen und zupfen.

6 I Die Tortillas von beiden Seiten kurz auf dem Grill anrösten, vom Grill nehmen und die Guacamole darauf verstreichen.

7 I Salat und gebratenes Gemüse darauf verteilen.

8 I Den Fisch in kleine Portionen schneiden und auf die Tacos legen.

9 I Etwas Limettencrema verfeinert die ganze Sache enorm.

PULLED-LACHS-TACO

FÜR 4 PERSONEN

8 Tortillas, 100 mm

500 g Lachsfilet ohne Haut

2 EL Fischgewürz oder Rub

1 Salatherz

200 g Cherrytomaten

1 milde Chilischote

½ Bund frische Kräuter z. B. Petersilie, Basilikum, Dill oder Koriander

Limettencrema (Rezept Seite 118)

Hot Sauce

Salz & Pfeffer

ZUBEREITUNG

1 I Den Fisch mit kaltem Wasser abspülen und trocken tupfen.

2 I Mit der Gewürzmischung bestreuen und ca. 15 Minuten ziehen lassen.

3 I Auf dem Grill oder in einer Pfanne leicht anrösten und gar ziehen, dabei sollte der Fisch noch glasig bleiben.

4 I In der Zwischenzeit Salat in Streifen, Chilischote und Tomaten in kleine Stücke schneiden.

5 I Kräuter fein hacken und mit dem Salat und den Tomaten in eine Schüssel geben.

6 I 3 EL Limettencrema dazugeben und mit Salz und Pfeffer würzen.

7 I Alles gut miteinander vermengen und abschmecken.

8 I Die Tortillas kurz anrösten und dann mit der Salatmischung belegen.

9 I Den Lachs vom Grill nehmen und mit 2 Gabeln in kleine Stücke zupfen.

10 I Lachs auf den Salat legen und etwas Limettencrema und Hot Sauce darübergeben.

CREMES UND SAUCEN

1

AVOCADO-CREMA

1 Avocado

Saft einer Limette

250 ml Joghurt, 3,5 %

Salz & Pfeffer

1 TL Cayennepfeffer

Die Avocado halbieren, entkernen und von der Schale befreien.

Alle Zutaten in einen Mixbescher geben und mit dem Mixstab pürieren.

Nochmals abschmecken und gegebenenfalls nachwürzen.

2

KÄSESAUCE

150 ml Milch, 3,5 %

50 ml Sahne

400 g Schmelzkäse, Cheddar oder Gouda, Hauptsache cremig und sahnig

1 TL Paprika edelsüß

1 TL Tabasco

1 EL Zitronensaft

Salz & Pfeffer

Milch und Sahne in einem Topf kurz aufkochen lassen.

Dann den Käse dazugeben und langsam schmelzen lassen, dabei sollte die Milch nicht mehr kochen.

Gewürze und Zitronensaft dazugeben und die Sauce 5 Minuten lang ziehen lassen.

Nochmals abschmecken und abfüllen.

Kann warm und kalt gegessen werden.

3

PAPRIKA-CREMA

250 ml Joghurt, 3,5 %

150 ml Sour Creme

Saft von 2 Zitronen

3 EL Paprika edelsüß

1 TL Chilipulver

Salz & Pfeffer

Alle Zutaten in eine Schüssel geben und gut miteinander vermischen.

Nochmals abschmecken und kalt stellen.

4

CAROLINA MUSTARD SAUCE

200 g mittelscharfer Senf

60 g Honig

50 ml Apfelessig

3 EL Ketchup

20 g brauner Zucker

10 ml Chilisauce (z. B. Tabasco)

20 ml Worcestershire Sauce

Salz & Pfeffer

Alle Zutaten in eine Schüssel geben und mit einem Mixer oder Schneebesen gut miteinander vermengen.

Mit Salz und Pfeffer abschmecken.

5

CHIMICHURRI

1 Bund Petersilie

1 kleine rote Zwiebel

2 Knoblauchzehen

1 milde Chilischote

1 EL Oregano, getrocknet

1 EL Thymian, getrocknet

1 TL Chiliflocken

100 ml Olivenöl

20 ml Weißweinessig

1 Lorbeerblatt

Salz & Pfeffer

Saft einer Limette

Zwiebel, Petersilie, Knoblauch und Chili sehr fein hacken und mit den anderen Zutaten vermengen.

Mit Salz, Pfeffer und Limettensaft abschmecken.

Vor dem Verzehr mindestens 1 Stunde ziehen lassen. Chimichurri hält sich im Kühlschrank mindestens 1 Woche.

6

COLE SLAW

1 kg Weißkohl

150 g Karotten

150 g Staudensellerie

1 Bund Lauchzwiebeln

Salz & Pfeffer

DRESSING:

100 g Mayonnaise

50 ml Schlagsahne

30 ml Apfelessig

30 ml Limettensaft

50 g Zucker

Das Gemüse putzen und über eine grobe Kücheneibe verarbeiten.

Alle übrigen Zutaten für den Salat in eine Schüssel geben und gut miteinander vermischen.

Die Zutaten für das Dressing miteinander vermischen und nach eigenem Geschmack abschmecken.

Zum geriebenen Gemüse geben und gut vermengen. Für mindestens 2 Stunden ziehen lassen und nochmals mit Salz, Pfeffer und Limettensaft abschmecken.

7

LIMETTEN-CREMA

250 ml Joghurt, 3,5 %

100 ml Sour Creme

Saft von zwei Limetten

Salz & Pfeffer

Joghurt, Sour Creme und Limettensaft miteinander vermengen und mit Salz und Pfeffer abschmecken.

Die Crema sollte etwas zu salzig und zu sauer sein, damit sie den Geschmack des Tacos auch deutlich verbessert.

8

PICO DE GALLO

200 g Tomaten

2 grüne Paprikaschoten

1 rote Zwiebel

3 Knoblauchzehen

2 Chilischoten

½ Bund frischer Koriander

½ Bund frische Petersilie

50 ml Olivenöl

Saft von zwei Limetten

Salz & Pfeffer

Tomaten, Paprika und Zwiebel in kleine Würfel schneiden.

Kräuter, Knoblauch und Chili fein hacken und zu dem Gemüse geben.

Mit Olivenöl vermischen und mit Salz, Pfeffer und dem Limettensaft kräftig abschmecken.

9

PIKANTE ROTE BOHNENPASTE

500 g Kidneybohnen aus der Dose, abgetropft, die Flüssigkeit verwahren

100 ml Olivenöl

2 Knoblauchzehen

2 Chilischoten

¼ Bund Koriander

1 TL Chipotle-Flakes

Saft einer Zitrone

Salz & Pfeffer

Alle Zutaten in einen Mixer geben und zu einer Paste verarbeiten.

Mit Salz, Pfeffer und Zitronensaft abschmecken.

Die Konsistenz der Paste kann mit etwas Abtropfflüssigkeit der Bohnen verdünnt werden.

10

SCHWARZE BOHNENPASTE

500 g schwarze Bohnen aus der Dose, abgetropft, die Flüssigkeit verwahren

100 ml Olivenöl

1 Knoblauchzehe

1 TL Cayennepfeffer

Saft einer Limette

Salz & Pfeffer

Alle Zutaten in einen Mixer geben und zu einer Paste verarbeiten.

Mit Salz, Pfeffer und Limettensaft abschmecken.

Die Konsistenz der Paste kann mit etwas Abtropfflüssigkeit der Bohnen verdünnt werden.

11

EMPANADA TEIG

FÜR 15 BIS 20 EMPANADAS

750 g Mehl

300 g Schmalz (Rind oder Schwein, wenn nicht vorhanden, Butter)

1 EL Salz

1 Tasse lauwarmes Wasser

Alle Zutaten zu einem Teig vermengen.

Der Teig sollte sehr seidig sein.

1 bis 2 Stunden ruhen lassen.

Danach kleine Kugeln formen und dünn zu runden Scheiben ausrollen.

12

GRÜNE CHILISAUCE

100 g Chili Padron (Pimientos de Padrón)

2 grüne Cayenne-Pepper-Schoten

2 grüne Jalapeños

1 Knoblauchzehe

100 ml Olivenöl

2 EL Joghurt, 3,5 %

Saft einer Limette

Salz & Pfeffer

Die Chilischoten halbieren, entkernen und waschen.

Knoblauch schälen und in grobe Stücke schneiden.

Alle Zutaten in einen Mixer geben und mit Salz und Pfeffer würzen.

Mit dem Mixer zu einer Sauce verarbeiten, eventuell noch ein wenig Öl für die richtige Konsistenz hinzufügen.

Mit Salz, Pfeffer und Limettensaft abschmecken, dann sollte die Sauce säuerlich-scharf schmecken.

13

GUACAMOLE

2 reife Avocados

2 Knoblauchzehen

1 Chilischote

¼ Bund Koriander

Saft von 2 Limetten

Salz & Pfeffer

Avocados halbieren, entkernen und aus der Schale nehmen.

Knoblauch, Koriander und Chilischote putzen und grob hacken.

Alles in einen Mixer geben und zu einer Paste verarbeiten.

Mit Salz, Pfeffer und Limettensaft abschmecken.

14

HELLE BOHNEN PASTE

500 g weiße Bohnen aus der Dose, abgetropft, Flüssigkeit verwahren

100 ml Olivenöl

1 Knoblauchzehe

Saft und abgeriebene Schale einer Zitrone

Salz & Pfeffer

Alle Zutaten in einen Mixer geben und zu einer gleichmäßigen Paste verarbeiten.

Mit Salz, Pfeffer und Zitronensaft abschmecken.

Die Konsistenz der Paste kann mit etwas Abtropfflüssigkeit der Bohnen verdünnt werden.

15

TOMATEN-CHILI-SALSA

1 rote Zwiebel

1 EL Öl

4 milde Chilischoten

400 g Tomaten aus der Dose, gewürfelt

50 g brauner Zucker

1 EL Chipotle Flakes

Salz & Pfeffer

Saft einer Limette

Die rote Zwiebel in kleine Würfel schneiden und mit dem Öl in einer Pfanne leicht anschwitzen.

Chilischoten in Ringe schneiden und mit anrösten.

Die Tomaten, Chipotle Flakes und den Zucker dazugeben und 5 Minuten köcheln lassen.

Mit Salz, Pfeffer und Limettensaft abschmecken.

Kann kalt und warm gegessen werden.

16

TOMATEN-SALSA

500 g Tomaten

4 Lauchzwiebeln

2 Knoblauchzehen

1 Chilischote

¼ Bund Petersilie

50 ml Olivenöl

Saft einer Zitrone

Salz & Pfeffer

Tomaten und Lauchzwiebeln in kleine Stücke schneiden.

Knoblauch, Chili und Petersilie fein hacken.

Alle Zutaten in eine Schüssel geben und miteinander vermengen.

Ca. 2 Stunden ziehen lassen, nochmals abschmecken und servieren.

17

TSATSIKI

1 Schlangengurke

2 Knoblauchzehen

½ Bund Dill

500 g griechischer Joghurt, 10 %

Saft von 1–2 Zitronen

Salz & Pfeffer

50 ml Olivenöl

Gurke gründlich waschen. Wer die Schale nicht mitessen möchte, kann die Gurke auch schälen, aber mir schmeckt es mit Schale besser.

Gurke halbieren und das Kerngehäuse mit einem Löffel entfernen. Über eine grobe Küchenreibe in eine Schüssel reiben und mit etwas Salz würzen.

30 Minuten stehen lassen und dann die Gurkenraspel in einen Sieb geben und die Flüssigkeit ausdrücken. Danach in die Schüssel zurückgeben.

Den Knoblauch pressen oder fein reiben, den Dill fein hacken. Alles in die Schüssel geben, den Joghurt und das Öl hinzufügen und alles gut miteinander vermengen.

Mit Salz, Pfeffer und Zitronensaft abschmecken. Es sollte vor dem Servieren mindestens für eine Stunde im Kühlschrank ziehen.

RUBS

BBQ RUB
FÜR RIND

6 EL Meersalz

5 EL Pfeffer, grob zerstoßen

2 EL Oregano, getrocknet

2 EL Knoblauchgranulat

1 EL Cumin

GYROS RUB

3 EL Oregano, getrocknet

3 EL Thymian, getrocknet

1 EL Rosmarin, getrocknet

1 EL Majoran, getrocknet

2 EL Salz

2 EL schwarzer Pfeffer, gemahlen

2 EL Paprika rosenscharf

1 EL Zucker

2 EL Zwiebelgranulat

2 EL Knoblauchgranulat

1 EL Korianderpulver

1 EL Kreuzkümmel, gemahlen

BBQ RUB
FÜR HÄHNCHEN

5 EL Paprikapulver edelsüß

3 EL Salz

2 EL schwarzer Pfeffer, frisch gemahlen

2 EL Zwiebelpulver

2 EL Knoblauchpulver

1 EL Oregano, getrocknet

1 EL Thymian, getrocknet

1 EL Cayennepfeffer

BBQ RUB
FÜR SCHWEIN

6 EL brauner Zucker

2 EL Salz

4 EL Paprika edelsüß

1 EL geschroteter Pfeffer

1 EL Zwiebelpulver

1 EL Knoblauchpulver

1 TL Chilipulver

1 TL Oregano, getrocknet

1 TL Cumin

FISCH GEWÜRZ-MISCHUNG

2 TL Meersalz

2 TL schwarze Pfefferkörner, grob zerstoßen

1 TL Fenchelsaat

1 TL Paprikapulver, scharf

1 TL Kreuzkümmelsamen

1 TL Chiliflocken

1 TL Koriandersamen, grob gemahlen

1 TL rote Pfefferkörner, grob zerstoßen

CAJUN RUB

5 EL grobes Meersalz

3 EL schwarzer Pfeffer, geschrotet

2 EL Zwiebelgranulat

1 EL Knoblauchgranulat

2 EL brauner Zucker

2 EL Thymian, getrocknet

1 EL Cayennepfeffer

KRÄUTER RUB

3 EL grobes Meersalz

2 EL Pfeffer, geschrotet

2 EL Estragon, getrocknet

2 EL Oregano, getrocknet

2 EL Dill, getrocknet

2 EL Thymian, getrocknet

2 EL Rosmarin, getrocknet

1 EL Knoblauchflocken

VEGGIE RUB

3 EL Salz

2 EL Pfeffer

1 EL Chipotle Chili

1 EL Zwiebelgranulat

1 EL Knoblauchgranulat

1 EL Rosmarin, getrocknet

1 EL Bohnenkraut, getrocknet

1 EL Fenchelsaat

Vielen Dank,

dass wieder ein Wunsch in Erfüllung gegangen ist.
Seit Jahren wollte ich ein Buch zu genau diesem Thema produzieren. Und dass mir der Heel Verlag, meine Familie und meine Freunde diese Möglichkeit geben, mich unterstützen und dabei begleiten, ist wirklich ein großes Glück für mich, und nicht selbstverständlich.

Ein besonderer Dank geht an Christine und den Heel Verlag, die Zusammenarbeit ist wirklich jedes Mal wieder ein großes Vergnügen für mich. Danke auch an Stefan und Yourbeef, für die tolle fachliche und sachliche Unterstützung meiner Projekte.

Mein größter Dank geht natürlich an meine Familie, und da vor allem an meine langjährige Lebensgefährtin Angela, die häufig zu kurz kommt, aber immer für mich da ist.

Bis bald euer Olli

Euer Olli

2022
INVITATION